LA SAUVEGARDE DU COMMERCE

PAR

UN ANCIEN NÉGOCIANT

PRIX : **UN** FRANC

PARIS

LIBRAIRIE LECAMPION, 2, PASSAGE DU SAUMON

ET EN PROVINCE

Chez tous les Libraires

MDCCCLXXIX

LA
SAUVEGARDE DU COMMERCE

PAR

UN ANCIEN NÉGOCIANT

———

PRIX : UN FRANC

———

PARIS

LIBRAIRIE LECAMPION, 2, PASSAGE DU SAUMON

ET EN PROVINCE

Chez tous les Libraires

—

MDCCCLXXIX

A Monsieur le Ministre de l'Agriculture
et du Commerce

Monsieur le Ministre,

Le soussigné a l'honneur de vous adresser, avec la présente pétition, un exemplaire d'une brochure qu'il vient de publier et dont l'objet est d'indiquer un moyen pratique pour éviter la faillite judiciaire.

Sans vouloir troubler en rien l'économie des lois sur la matière, le soussigné demande qu'il soit fait une addition au Code de commerce qui rende obligatoire, pour tous les créanciers chirographaires, les décisions prises dans une assemblée amiable, moyennant que ces décisions soient adoptées par la double majorité des créanciers, conformément aux articles 507 et 516 du Code de commerce.

Le soussigné croit devoir ajouter que sa brochure a obtenu l'approbation d'un très grand nombre de négociants, qui ont jugé l'idée qu'il émet comme très pratique et très opportune.

Dans l'espoir que vous voudrez bien prendre sa pétition en sérieuse considération, le soussigné a l'honneur d'être, Monsieur le Ministre, votre etc.

Paris, le 1er mai 1879.

PRÉFACE

Le nombre toujours croissant des désastres commerciaux et une longue expérience des affaires nous ont suggéré le désir d'étudier quelles sont les principales causes des faillites judiciaires et quels seraient les moyens les plus pratiques de les éviter.

Après avoir consulté, non seulement les hommes compétents qui ont traité cette grave question, mais aussi les praticiens, juges, agréés, etc., qui chaque jour se trouvent en face de sinistres qui souvent auraient pu être évités, nous nous décidons, encouragé par des amis bienveillants, à publier ce que le résultat d'une étude approfondie et l'expérience de trente années nous ont indiqué comme un remède ou tout au moins comme une atténuation aux désastres de la faillite judiciaire.

Loin de nous l'idée de nous poser en réformateur des lois; mais tout le monde conviendra qu'en raison du progrès immense du commerce et de l'industrie, les quelques modifications apportées, depuis 1838, aux lois sur les faillites ne sont plus suffisantes aujourd'hui.

C'est pourquoi nous venons présenter, non seulement au public, mais aussi à nos législateurs, une série de faits qui démontrent l'avantage immense du *Concordat amiable.*

Pénétré du grand avantage que le commerce retirerait de l'adoption de notre proposition, nous n'hésitons pas à demander une addition au Code de commerce, addition qui donnera force de loi aux délibérations extra-judiciaires.

En même temps nous avons adressé à M. le Ministre de l'Agriculture et du Commerce la pétition dont le texte précède ainsi qu'un exemplaire de notre ouvrage.

Nous en avons également fait parvenir à plusieurs sénateurs et députés, et d'après l'accueil que plusieurs d'entre eux ont fait à notre proposition nous croyons pouvoir compter sur leur puissant concours.

LA
SAUVEGARDE DU COMMERCE

I

L'article 437 de notre Code de commerce dit : Tout débiteur qui cesse ses payements est en état de faillite.

Il importe peu que le négociant soit en réalité au-dessus de ses affaires, en ce sens que son actif excède son passif; si par le manque de crédit ou de numéraire, en un mot, de ressources immédiates, il laisse ses engagements en souffrance, il est en état de faillite.

Si le créancier justifie que son débiteur ne l'a pas payé, il faut que la faillite soit déclarée. Des arrêts ont décidé qu'il suffit d'une seule dette commerciale pour qu'un négociant soit déclaré en faillite.

Le juge peut être convaincu que le débiteur est honnête, que des circonstances fatales l'obligent momentanément à ne pas remplir ses engagements, il doit quand même déclarer la faillite.

En sens inverse, le commerçant qui est de fait au-dessous de ses affaires et qui doit au delà de ce qu'il possède n'est pas en état de faillite, tant que, grâce à son crédit personnel, il satisfait à ses obligations. On sait que c'est l'inexécution des obligations commerciales seulement qui produit la faillite. Le défaut de remplir des obligations civiles, ne pas payer à l'échéance, par exemple, une dette hypothécaire, ne la constitue pas.

Il résulte donc de ce qui précède qu'un failli n'est pas toujours celui qui doit plus qu'il ne possède et qu'il peut arriver, ou plutôt qu'il arrive souvent, qu'un commerçant est déclaré en état de faillite lorsqu'il pourrait, si on lui montrait un peu de bienveillance, payer intégralement ses créanciers dans un laps de temps plus ou moins long.

Nous croyons inutile de présenter à nos lecteurs le nombre effrayant de faillites qui ont eu lieu en France depuis 1870; mais nous citerons cependant quelques chiffres pris dans le rapport que M. le président Baudelot a présenté au tribunal de commerce de la Seine, le 18 janvier dernier.

Du 1ᵉʳ janvier au 31 décembre 1878, il a été déclaré dans le département de la Seine :

Faillites,	1,671
40 concordats ont été résolus, ci	40
Et 59 jugements de clôture ont été rapportés, ci	59
Ensemble,	1,770
Au 31 décembre 1877, il restait à régler 929 faillites, ci	929
Soit un total de	2,699
Les faillites terminées pendant l'exercice 1878 se sont élevées à	1,740
Restait donc en cours, au 1ᵉʳ janvier 1879, 959 faillites, ci	959

Les 1,671 faillites nouvelles se répartissent ainsi qu'il suit :

Alimentation,	589
Habillement et toilette,	223
Industries de luxe,	193
Commissionnaires en marchandises et commissionnaires de transport,	97
A reporter...	1102

Report....	1102
Industrie des métaux,	83
— du bâtiment,	81
Cuirs et peaux,	65
Ameublement,	63
Banquiers et agents d'affaires,	63
Librairie et imprimerie,	54
Industrie des bois,	44
Produits chimiques,	39
Industries textiles,	32
Aubergistes et logeurs,	28
Céramique,	17
Total égal,	1,671

Un certain nombre de faillites concerne des Sociétés en nom collectif qui comprennent plusieurs responsables, de telle sorte que le nombre des faillis n'est pas exactement le même que celui des faillites.

En 1878, le nombre des faillis s'est élevé à 1,834.

Sur ces 1,834 personnes,

384 sont nées à Paris ou dans le département de la Seine,

1,153 dans les autres départements,

281 à l'étranger, ou ont une origine inconnue.

Sur les 384 faillis nés à Paris ou dans la Seine,

51 avaient été précédemment déclarés en faillite et

45 avaient subi des condamnations antérieures.

Sur les faillis nés dans le reste de la France ou à l'étranger,

189 avaient déjà été en faillite, et

250 avaient encouru des condamnations.

Les 1,740 faillites terminées pendant le dernier exercice ont pris fin de la manière suivante :

Par concordat pur et simple,	179
Par concordat par abandon,	94
A reporter....	273

Report.... 273

Par union,   513

Par rapport du jugement déclaratif,   19

Et par clôture pour insuffisance d'actif,   935
____
Total pareil,   1,740

Les dividendes promis dans les 179 faillites terminées par concordat pur et simple se répartissent comme suit, savoir :

Dans	1,		7 pour 100.
»	2,		15 »
»	54,	20 à 30	»
»	55,	30 40	»
»	20,	40 50	»
»	29,	50 60	»
»	4,	60 70	»
»	2,	70 80	»
»	12,	100	»
	179.		

Les 94 faillites terminées par concordat par abandon d'actif ont donné les dividendes ci-après :

Dans	11,	de 1 à 5 pour 100.
»	21,	5 10 »
»	19,	10 20 »
»	19,	20 30 »
»	9,	30 40 »
»	6,	40 50 »
»	2,	50 60 »
»	2,	60 80 »
»	1,	86 »
»	4,	100 »
	94.	

Les 513 faillites terminées par union ont donné les résultats suivants :

```
Dans 127,      de  1 à 5 pour 100.
  »  103,           5   10      »
  »   95,          10   20      »
  »   51,          20   30      »
  »   32,          30   40      »
  »   12,          40   50      »
  »   11,          50   60      »
  »    2,          60   70      »
  »    2,          70   80      »
  »    5,          80   90      »
  »    1,               96      »
  »    8,              100      »
  »   64 n'ont rien produit.
     ————
     513
```

339 faillis ont été déclarés excusables.
177 faillis ont été déclarés non excusables.

Réhabilitations.

5 réhabilitations ont été prononcées par la Cour.

11 autres ont été demandées pendant 1878 ; il n'avait pas été statué sur ces demandes au 31 décembre dernier.

Liquidations judiciaires.

Au 31 décembre 1877, il restait à régler 23 liquidations judiciaires, ci,   23

Le Tribunal a prononcé la résolution de 6 concordats obtenus par des débiteurs liquidés judiciairement, ci,   6

Ensemble,   29

Les liquidations terminées en 1878 s'élèvent à   10
qui ont pris fin comme suit :

par concordat pur et simple,   1
par abandon d'actif,   1
par union,   2
par clôture pour insuffisance d'actif,   6

Il restait à régler, au 31 décembre 1878, 19 liquidations judiciaires,   19

Le tribunal n'a accordé aucun affranchissement de la qualification de failli dans les liquidations terminées en 1878.

Dans celle terminée par concordat pur et simple, le failli s'est engagé à donner 25 pour 100 à ses créanciers.

Le concordataire, par abandon d'actif, a donné 100 pour 100.

Les unions ont produit, l'une 11 fr. 68 pour 100, et l'autre 4 fr. 31 pour 100.

Si nous avons mis tous ces chiffres sous les yeux de nos lecteurs, c'est que nous avons pensé qu'ils sont intéressants à plusieurs titres et aussi parce que, dans les chapitres qui vont suivre, nous aurons occasion de les citer à l'appui des faits que nous allons exposer.

II

Tout le monde est d'accord aujourd'hui pour reconnaître que depuis environ vingt ans le nombre des faillites a augmenté dans des proportions effrayantes.

Le négociant le plus optimiste ne peut s'empêcher d'avouer que, si l'on n'apporte pas un remède immédiat à cette plaie du commerce, les transactions à terme deviendront de plus en plus difficiles. D'ailleurs, le mal se fait déjà sentir par la stagnation dans laquelle sont tombées toutes les branches de notre commerce et de notre industrie.

De là la nécessité de trouver un remède qui empêche la faillite judiciaire de prendre tout à fait droit de cité chez nous.

Bien qu'il n'entre pas dans le cadre de cet ouvrage d'énumérer les causes si diverses de la faillite, nous croyons cependant devoir en indiquer les principales.

Il est prouvé que la plupart des faillites proviennent de ce que les établissements commerciaux ont été montés avec des capitaux insuffisants.

Le commerçant ou l'industriel qui s'établit est toujours porté à s'exagérer le succès; mais il ne s'ensuit pas qu'il doive pour cela manquer de prévoyance.

Si nous remontons à une date assez éloignée de nous, nous trouvons les cas de faillites excessivement rares comparativement à ceux qui se produisent aujourd'hui. En voici le motif.

D'abord, les relations entre les grands commissionnaires en marchandises et les maisons de gros étaient établies par compte courant.

Le commissionnaire faisait un découvert d'une somme ronde proportionnée au chiffre d'affaires qu'il traitait annuellement avec ces clients de gros.

Ce dernier en faisait tout autant avec ses propres clients, de sorte qu'à quelques exceptions près, il n'y avait pas d'échéance de rigueur.

Lorsque les recettes le permettaient, chacun faisait des remises et renouvelait en même temps l'achat des articles nécessaires.

Mais depuis que la Banque de France a établi ses nombreuses succursales, depuis qu'il s'est formé une foule de sociétés de crédit, depuis, enfin, qu'il s'est établi des banquiers jusque dans les chefs-lieux de canton, les choses ont bien changé de face.

Un progrès énorme, une grande amélioration a surgi.

Le mode actuel de régler le montant des achats a été adopté; et, aujourd'hui, il n'y a guère de facture qui ne soit balancée par une traite à 90 jours et voire même à une échéance plus rapprochée. Comme en toutes choses le mal découle du bien, c'est de là que provient l'accroissement considérable du nombre des faillites.

Nous avons vu dans notre carrière commerciale plusieurs faillis accuser de leur déconfiture le banquier qui avait refusé de prendre des valeurs que, jusque-là, il avait toujours acceptées.

Comme le banquier est un commerçant, et généralement un commerçant sérieux et bien informé, nous croyons, lorsqu'il refuse d'escompter les valeurs d'un client, que ses raisons pour agir ainsi sont suffisamment fondées.

Il est vrai de dire que nous ne considérons pas comme banquiers ces industriels interlopes qui cependant en prennent le titre et qui sont si nombreux à Paris et dans quelques autres grandes villes de France.

A ce propos, nous croyons devoir reproduire ce que disait d'eux dernièrement monsieur le président du tribunal de commerce de la Seine.

« A diverses reprises ont été signalés les dangers que faisaient courir au commerce ces maisons de banque interlopes dites banques d'échange dont l'industrie consiste à procurer, moyennant commission, et sans aucune responsabilité, aux commerçants dont le crédit est ruiné et qui devraient déposer leur bilan, l'échange de leur signature contre celles d'individus qui leur sont complétement étrangers.

« Encouragés par l'impunité d'agissements qui, s'ils ne tombent pas sous l'application de la loi, n'en sont pas moins coupables au point de vue de la morale commerciale, cette industrie n'a fait que se développer au détriment de commerçants honnêtes. Aussi, à défaut de répression le tribunal a-t-il dû se montrer sévère vis-à-vis de ceux qui ont eu recours à de semblables établissements, tantôt en leur refusant l'homologation d'un concordat dont il les croyait indignes, tontôt en les déclarant d'office en état de faillite.

« Peut-être en persévérant dans cette voie salutaire parviendrons-nous à enrayer le mal.

Qu'on nous permette d'ouvrir ici une parenthèse pour dire que le malheureux commerçant qui se voit sur le point de sombrer s'accroche à toutes les branches.

Dans ces circonstances il s'adresse aux banquiers dont il est question.

Est-il de bonne justice de lui en faire un crime ? Nous en laissons l'appréciation à nos lecteurs.

Mais pour ces banquiers et agents d'affaires véreux qui précipitent toujours et qui causent souvent la plupart des faillites, nous désirons, lorsqu'ils sont entre les mains de la justice, que la loi leur soit appliquée dans toute sa sévérité. Soixante-trois d'entre eux ont été déclarés en état de faillite dans l'année qui vient de s'écouler et il est juste de dire que le maximum de la peine leur a été appliqué.

Que les commerçants gênés se tiennent donc en garde contre ces industriels qui, par la voie des journaux, offrent de l'argent aux *négociants gênés*, aux *commerçants dans l'embarras*, etc.

Nous avons eu la curiosité de nous éclairer sur ce qu'il y avait de vrai dans ces annonces, en faisant une visite à quelques-uns de ces soi-disant bienfaiteurs des commurçants, et nous n'avons pas tardé à reconnaître leur impuissance ; mais malheureusement il y a toujours des gens qui s'y laissent prendre.

Il faut même supposer que le besoin urgent de numéraire fausse le jugement de bien des commerçants qui cependant ne manquent pas d'intelligence, et en voici une preuve dans le fait suivant.

Tout récemment, trois commerçants cités comme sérieux et dont l'un était alors maire d'un de nos grands chefs-lieux de département s'étaient laissé entraîner et confièrent à l'un de ces industriels pour soixante mille francs de valeurs qu'ils s'étaient souscrites mutuellement.

Ce courtier promit de négocier ces valeurs pour le compte de ces commerçants, mais ceux-ci apprirent bientôt que leurs valeurs avaient été négociées, et malgré toutes leurs démarches ils ne purent en obtenir le montant. Alors ils déposèrent une plainte au parquet.

Le courtier infidèle fut arrêté et condamné à quinze mois de prison, peine qu'il doit subir dans ce moment, le fait s'étant passé en juillet de l'année dernière.

Ces valeurs tombèrent entre les mains d'honorables négociants de Paris, qui les avaient acceptées de bonne foi, en payement de marchandises, mais, à l'échéance de ces traites, ils furent obligés de les rembourser, les souscripteurs ayant refusé de les payer.

De là naquit un procès qui est encore en instance aujourd'hui et dont l'issue, selon nous, doit être défavorable aux souscripteurs, qui seront évidemment victimes de leur imprudence.

Il est donc urgent de ne s'engager dans aucune opération sans au préalable avoir envisagé avec calme et réflexion les probabilités du bénéfice qu'on peut en retirer comme aussi la perte que l'on subirait *en cas de non-réussite*.

À ce propos nous avons souvent constaté que l'on adopte assez généralement et sans examen que pour réussir dans telle ou telle affaire il fallait avoir de la *chance*.

Sans doute, il est incontestable qu'ici-bas, il y a heur et malheur ; mais on ne peut admettre dans toute son acception ce mot *chance* comme l'arbitre de nos destinées.

Cette maxime ne tendrait à rien moins qu'à déclarer la fatalité maîtresse absolue de nos sens, et, par conséquent, l'irresponsabilité de nos actions.

Il faut donc combattre ce préjugé avec la plus grande énergie et régler sa conduite, dans la vie privée comme dans la vie publique, d'après les principes sociaux qui sont invariables.

De même que dans la carrière commerciale il est des prescriptions que l'on est tenu d'observer sous peine d'une ruine prématurée et quelquefois complète.

Nous en indiquerons seulement quelques-unes des plus essentielles :

1º Avant d'entreprendre un commerce quelconque, il faut connaître parfaitement les articles qui en font l'objet.

2º Procéder dans les achats avec la même prudence que dans les ventes à terme.

Pour les achats, les subordonner aux débouchés relatifs.

Pour les ventes à terme, se garder contre l'entraînement d'un gros bénéfice et rechercher plutôt la sécurité dans le crédit que l'on fait.

Le crédit mal placé est l'écueil le plus terrible du commerçant, et, quand il ne travaille pas avec des capitaux suffisants, il devient tout à fait désastreux.

Dans tous les cas et principalement dans celui précité, il est urgent que le commerçant préfère des opérations moins importantes, voire même offrant un bénéfice restreint, à la chance aléatoire que présente une vente plus considérable, mais moins sûre.

3º Tenir une comptabilité simple, mais avec ordre et parfaitement exacte.

Le commerçant qui est son propre teneur de livres doit, sans aucun retard, inscrire toutes ses opérations quelque minimes qu'elles soient, ainsi que toutes ses dépenses.

4º La caisse est une question capitale, surtout pour les petits commerçants qui n'ont pas un employé spécial.

Le livre de caisse doit toujours représenter le mouvement quotidien des *entrée* et des *sortie*. Les unes et les autres de ces parties bien motivées, afin de reconnaître une erreur s'il s'en produit, et, que cette erreur soit en plus ou en moins, il faut en rechercher la cause avec la même attention.

5º S'entourer de toutes les garanties morales quant au personnel que l'on emploie, et, sans exagérer les appointements de chacun, faire en sorte qu'ils soient suffisants.

En outre de ces conseils, que nous nous permettons d'adresser à nos lecteurs, il nous semble qu'il peut y avoir aussi de l'utilité à reproduire quelques dispositions de la loi relativement au commerce.

1. Quiconque se met dans le commerce doit, s'il est marié, déclarer quel est le régime qu'il a adopté, si c'est le régime dotal ou le régime de la communauté.

Le régime dotal, ayant pour conséquence de n'être pas confondu dans le domaine de la communauté, doit être dénoncé par le dépôt du contrat de mariage au greffe du tribunal civil et du tribunal de commerce.

Du reste, le notaire est habituellement chargé d'opérer ce dépôt par un extrait du contrat de mariage dénonçant le régime adopté par les époux. Le commerçant qui aurait négligé cette formalité serait poursuivi en cas de faillite comme banqueroutier.

2. La femme ne peut entreprendre aucun commerce en son nom sans une autorisation écrite de son mari. La justice ne peut suppléer à l'autorisation du mari à moins que celui-ci ne soit absent ou interdit.

3. La femme qui a le mari commerçant, bien qu'elle soit constamment occupée à ce commerce, ne peut être considérée comme marchande publique, attendu que cette qualité ne peut lui être attribuée que lorsqu'elle fait un commerce séparé tout à fait en dehors de celui de son mari.

4. Lorsqu'un commerçant est créditeur par compte courant et débiteur par billet à ordre, il ne peut exiger du tiers porteur la compensation des deux dettes, la loi lui impose d'acquitter son engagement, qui constitue *un titre liquide*, sauf à faire répétition contre son débiteur par compte courant.

Il est donc important de ne s'engager par titre négociable qu'avec la plus grande réserve.

5. Un commerçant ne doit jamais signer des engagements dont il n'aurait pas été rempli, c'est-à-dire des billets de *complaisance*, attendu que, non seulement il peut être

obligé de les payer de ses propres deniers, mais encore, s'il tombait en état de faillite, ce fait lui serait sévèrement reproché, voire même incriminé.

6. Le commerçant forcément exposé à compromettre son actif par des ventes à terme doit s'abstenir de toute opération hasardeuse qui pourrait être considérée comme jeu de Bourse, ainsi que de toute dépense exagérée, afin de ne pas tomber, le cas échéant, sous le coup des peines portées au Code pénal, art. 584, et jugées par les tribunaux de police correctionnelle.

7. L'égalité la plus absolue doit exister dans la répartition de l'actif en cas de faillite, et cette question doit préoccuper le commerçant qui se trouve dans une situation embarrassée.

Dès qu'il reconnaît l'impossibilité de payer intégralement les dettes échues, il doit avoir l'énergie de n'en payer aucune, et, sans chercher à masquer sa situation, convoquer ses créanciers.

Cette recommandation est tellement importante, que tout commerçant, qui, après avoir cessé ses payements d'une manière définitive, paye un créancier au détriment de la *masse,* se trouve dans un des cas qui constitue la faillite simple.

8. Lorsque la faillite n'a pu être évitée, il est naturel que le failli réunisse toutes ses ressources pour obtenir soit un concordat, soit un traité avec ses créanciers, traité qui, en vertu de l'art. 519 (Code de com.), doit le replacer à la tête de ses affaires ; mais comme la loi dispose, art. 520 Code de commerce, que l'inexécution des engagements concordataires peut entraîner la résolution du concordat, il est prudent de ne contracter de nouvelles obligations que sur des données positives, sous peine de tomber en *union.* C'est pourquoi l'abandon de l'actif est considéré comme une mesure sage, de bonne foi et presque toujours justement appréciée.

III

Pour démontrer l'avantage de l'amélioration que nous proposons, nous croyons devoir entrer dans quelques détails sur le mode actuel des transactions commerciales et comment on procède lorsqu'un commerçant est assez malheureux pour ne pas réussir dans ses entreprises.

Nous avons déjà dit que l'on avait adopté généralement, pour se couvrir de toute expédition de marchandise, de fournir un mandat sur le destinataire.

Cette mesure, présentant le côté favorable à l'expéditeur de se procurer des fonds immédiats par la remise de ce mandat à son banquier, l'oblige moralement à user de certains égards envers son destinataire, alors que celui-ci ne peut se libérer à l'échéance. C'est pourquoi la suspension de payement n'est connue du public que beaucoup plus tard.

Voici ce qui se passe dans ce cas.

L'accepteur ou le souscripteur d'un mandat ne pouvant faire honneur à sa signature écrit quelques jours avant l'échéance à son créancier, lui faisant part de son embarras et le priant de lui remettre les fonds nécessaires pour éviter un protêt.

Pour différentes raisons, le créancier ne refuse presque jamais un premier renouvellement. En conséquence, il envoie à son débiteur, soit une partie, soit toute la somme, en échange d'un nouveau titre surchargé des intérêts, frais de négociation, timbre, etc.

Nous n'entendons pas, assurément, blâmer ce moyen de temporisation qui, dans certains cas, peut avoir d'excellents résultats ; cependant, d'après ce qu'il nous a été donné d'observer, ces atermoiements sont souvent nuisibles au débiteur en même temps qu'à ses créanciers.

Il est juste aussi de reconnaître que le débiteur, effrayé des menaces de la part d'un créancier plus ou moins intraitable, fait de grands sacrifices pour s'en débarrasser, dans l'espoir, bien entendu, de traiter à l'amiable avec tous les autres créanciers, sans considérer cependant que, s'il tombait en faillite, on lui demanderait compte de tous ses agissements.

Les tribunaux de commerce accordent quelquefois un sursis, surtout quand la faillite n'est requise que par un seul créancier et que la cessation de payement n'est point notoire ; mais la loi est inexorable, et l'art. 437 du Code de commerce ne laisse point au tribunal le droit d'éviter son application. En conséquence, le débiteur ne peut puiser dans l'indulgence dont il aurait bénéficié le calme si nécessaire pour continuer et mener à bonne fin les négociations d'arrangement avec ses créanciers. Cependant, sa situation devient de plus en plus difficile, il faut qu'il prenne un parti décisif.

Le sentiment de l'honneur, les soucis de la famille, lui imposent le devoir d'essayer de tous les moyens et de toutes les ressources dont il peut disposer pour éviter la déclaration de faillite.

A cet effet, il se détermine à convoquer ses créanciers, bien résolu à tous les sacrifices pour obtenir un arrangement amiable.

Les créanciers sont priés de se rendre à la réunion qui aura lieu tel jour à telle heure chez le débiteur ou chez son conseil, pour délibérer sur les mesures les plus propres à sauvegarder leurs intérêts, etc., etc.

On rencontre rarement dans le nombre des créanciers un commerçant qui ne sache, par expérience, combien la faillite judiciaire est onéreuse pour ses intérêts. Il n'est pas nécessaire d'insister là-dessus. Il serait donc logique de supposer que tous les créanciers s'empressent de répondre à l'appel de leur débiteur ; d'autant plus qu'il leur importe de connaître sa position dans le plus bref délai. C'est précisément le contraire qui se produit, et l'assemblée est si peu nombreuse, que la plupart du temps on doit remettre ces jours de réunion.

Cette indifférence de la part des créanciers a de funestes conséquences ; mais bien qu'on soit fixé depuis longtemps sur les inconvénients d'agir ainsi, les mêmes procédés sont toujours mis en pratique.

Voici comment :

A la réception de la circulaire de convocation les uns ne répondent pas, les autres écrivent à un de leurs correspondants de la localité du débiteur pour avoir des renseignements qui, souvent, sont inexacts et quelquefois subordonnés aux intérêts du correspondant, soit qu'il désire être ou non utile au débiteur. D'autres répondent à peu près en ces termes :

« Nous avons votre circulaire à laquelle votre correspondance ne nous avait nullement préparé. Vu le nombre de vos créanciers, leur réunion ne saurait être que provisoire ; vous voudrez bien nous tenir au courant de ce que l'on y dira et nous faire connaître l'état de votre actif et de votre passif.

« D'ailleurs, vous devez le savoir, les créanciers absents n'étant point liés par les décisions des créanciers présents ou adhérents, il ne peut y avoir aucune délibération définitive. »

D'autres, enfin, croyant être plus habiles, restent en arrière et en dehors de toute réunion.

Ils espèrent arriver, alors que le débiteur n'aura plus que leur adhésion à obtenir pour conclure son arrangement amiable, et à lui imposer leurs conditions en le plaçant dans l'alternative de les subir ou de déposer son bilan.

Quelquefois cette manœuvre peu délicate réussit, mais, quelquefois aussi, pratiquée par plusieurs créanciers à la fois, elle précipite le dénouement.

Nous avons même assisté tout récemment à une réunion où deux créanciers refusaient leur adhésion à un traité amiable assurant 40 p. 0/0.

L'un d'eux, parlant aussi pour son collègue, ne se fit aucun scrupule de dire aux autres créanciers : « Mais puisque « vous avez un si grand intérêt à ce que la faillite ne soit

« pas déclarée, donnez-nous 60 p. 0/0 et nous vous substi-
« tuerons à notre lieu et place ; vous voyez que nous ne
« voulons pas la faillite de parti pris. »

Cette proposition souleva bien des protestations et l'agréé
qui présidait cette réunion fit comprendre à ces deux créanciers intraitables que la loi sur la faillite, loi qu'ils invo-
quaient comme moyen d'intimidation, interdisait formellement à tout créancier de recevoir un dividende plus fort
que celui distribué aux autres créanciers ; enfin, après une
assez longue discussion, ils signèrent le traité commun.

De cette façon chaque créancier reçut à leurs termes les
dividendes montant à 40 p. 0/0 et peut-être seront-ils un
jour payés intégralement, le cas de bonne forture ayant été
stipulé.

Si nous reproduisions dans cet ouvrage tous les faits
analogues à ceux qui précèdent et dont nous avons été
témoin, nous écririons un gros volume ; toutefois, pour bien
prouver le préjudice que cause la déclaration de faillite et
l'avantage considérable à faire entrer dans notre législation
*le concordat amiable adopté dans une réunion concilia-
trice et extrajudiciaire*, nous citerons encore des faits
concluants qui démontreront de la façon la plus évidente
l'opportunité de notre proposition.

Il y a peu de temps un commerçant fort honorable et
jouissant d'une grande considération fut obligé de s'arrêter
par suite d'une soustraction de numéraire, commise à son
préjudice par l'un de ses employés.

N'ayant pas l'espoir de se relever, son crédit étant perdu,
il convoqua ses créanciers et dans sa circulaire il leur offrit
l'abandon de son actif en échange de sa libération. A la suite
de deux réunions, sur soixante-quatre créanciers vingt-
trois seulement avaient adhéré à cette proposition et un
liquidateur fut nommé séance tenante.

Vérification faite de l'inventaire, il fut trouvé exact, et les
créanciers pouvaient compter recevoir de 38 à 45 p. 0/0
mais, leur décision n'étant pas obligatoire pour ceux qui

n'avaient pas signé le traité en cours, ont dut se résigner à subir le *staquo quo*.

Les créanciers qui avaient adopté le traité proposé écrivirent aux autres intéressés, usèrent de leur influence, mais ni les raisons les plus justes ni l'honorabilité du débiteur ne purent triompher de l'entêtement des créanciers opposants, et le négociant assigné en déclaration de faillite fut contraint de déposer son bilan.

Six mois s'écoulèrent en inventaire et en procès pour des créances rejetées puis admises. Enfin, après huit mois, les marchandises, détériorées et en partie démodées, furent vendues à vil prix, et, tout liquidé, les créanciers reçurent 14 p. 0/0.

Dans un autre cas, un marchand de denrées coloniales en gros suspendit ses payements la veille d'une forte échéance, n'ayant pu réunir la somme nécessaire pour la couvrir entièrement.

Cette suspension de payement que personne ne pouvait prévoir produisit une certaine émotion ; cependant on s'accordait à reconnaître la prudence du débiteur, qui, par cette mesure, évitait de donner plus à un créancier qu'à un autre.

Conséquent dans ses actes, il s'empressa d'arrêter ses affaires, fit un état exact de sa situation et convoqua ses créanciers.

La réunion eut lieu, et, contrairement à ce qui se passe d'habitude, les créanciers furent nombreux ; si nombreux même, qu'ils jugèrent pouvoir traiter immédiatement avec leur débiteur.

Comme il restait en caisse une certaine somme, et qu'un proche parent offrait son concours moyennant qu'on évitât la faillite, les signataires du traité firent la répartition de cet encaisse et acceptèrent les propositions du débiteur ; savoir : 47 p. 0/0, partie comptant, et le solde à une époque peu éloignée.

Ce traité fut signé avec la confiance intime qu'il serait accepté par tous les autres créanciers. Toutefois, et bien que dans le cas de faillite le rapport à la *masse* serait incontestablement dû, les créanciers, pour éviter toute difficulté, s'engagèrent, dans le cas où ou un créancier opposant ferait déclarer la faillite, à opérer, à première réquisition, le rapport à la *masse* de ce qu'ils auraient reçu.

Sans que l'on ait pu connaître la cause de l'exigence d'un créancier opposant, le débiteur fut assigné en déclaration de faillite, et obligé à déposer son bilan.

Enfin, la faillite déclarée, elle suivit son cours sans incident. Le failli obtint son concordat moyennant 20 p. 0/0 une fois payés.

Le failli rétabli dans tous ses droits, conformément à l'art. 516 du Code de commerce, devait se libérer en payant le seul dividende promis par le concordat, soit 20 p. 0/0, mais, pour réaliser la somme nécessaire, il dut réclamer aux signataires du traité amiable les 27 0/0 qu'ils avaient reçus en plus.

Ces créanciers s'exécutèrent sans trop de difficultés, puisque le cas avait été prévu. Mais la situation ne laissait pas de présenter un résultat étrange.

Les créanciers du non-failli devinrent débiteurs du failli concordataire en sa qualité de représentant de la *masse*.

Ainsi donc, nous avons vu, dans le premier cas, qu'une faillite n'a produit que 14 p. 0/0, alors qu'un traité amiable rapportait 40 0/0, au moins.

Dans le second cas, l'arrangement judiciaire n'a produit que 20 p. 0/0, tandis que la transaction amiable assurait avant la déclaration de faillite 47 p. 0/0.

IV

Les faits que nous venons de citer démontrent donc d'une manière irréfutable l'avantage qu'il y aurait, et pour le créancier et pour le débiteur, à ce que le concordat ou l'arrangement amiable précédât ou plutôt remplaçât la déclaration de faillite.

Nous savons qu'il existe bien des cas où la déclaration de faillite n'est qu'une juste flétrissure infligée au commerçant dont la mauvaise foi est notoire. Mais, par contre, combien de négociants sont mis en faillite pour avoir été plus malheureux que coupables.

L'État, qui est le protecteur naturel de tous, comme il l'est de toutes les industries et de tous les commerces, n'a aucun avantage aux déclarations de faillite. Si, d'un côté, il y gagne les divers droits qui atteignent les faillites, il perd beaucoup plus par la disparition des maisons de commerce qui, non seulement payent des patentes, mais qui sont encore susceptibles de payer une foule d'autres impôts directs ou indirects.

Avec l'arrangement amiable avant la faillite, l'établissement commercial, au lieu de se trouver supprimé, se maintient, et le commerçant laissé à la tête de ses affaires peut mettre à profit les leçons du passé.

Par l'expérience du malheur, il peut se relever au point de parvenir à réparer les préjudices qu'il a causés.

De nombreux exemples prouvent que cette supposition n'est pas imaginaire, et qu'elle s'est réalisée bien souvent.

De plus, les marchandises qui, après la faillite, sont vendues à vil prix au moyen des enchères publiques, sont écoulées d'une manière normale, à leur valeur ou à peu près par le *non-failli* qui a conservé sa clientèle, et cela sans causer de préjudice au commerce de détail, qui dans le premier cas est durement éprouvé, surtout dans les petites localités où la consommation est très restreinte.

A propos de ventes publiques de marchandises neuves, nous devons entrer dans de certaines considérations qui nous sont imposées par l'intérêt du commerce de détail.

Ces ventes publiques donnent lieu, non seulement à une foule d'abus, mais très souvent à la violation flagrante de la

loi par le fait que les syndics vendent par petits lots, contrairement aux ordonnances et décrets sur la matière.

Cette question est tellement grave, que, dès 1819, nos
hommes d'État s'en préoccupèrent. A cette époque, le minimum de lotissement pour la vente publique de marchandises neuves fut fixé de 500 francs à 2,000 francs, suivant
la catégorie des articles mis en vente.

Plus tard, et à la suite de la création des warrants, le
chiffre de lotisement fut réduit, mais il est à remarquer que
ces arrêts, décrets et ordonnances ont tous confirmé que ce
chiffre devait être déterminé.

L'ordonnance du 5 mars 1858 donne aux tribunaux de
commerce la faculté de déroger, dans certains cas, aux prescriptions du Code, mais cette ordonnance vise spécialement
la situation des warrants et, à propos de la réduction des
otissements, elle est ainsi conçue :

« Les tribunaux de commerce pourront, par leurs ordonnances motivées, déroger à la fixation du maximum et
du minimum de la valeur des lots déterminée par les décrets
de 1812 et 1819, s'ils reconnaissent que les circonstances
exigent cette exception, sous la réserve cependant qu'ils ne
pourront autoriser la vente des articles *pièce à pièce* ou en
lots à la portée immédiate du particulier ou consommateur,
mais seulement en nombre et en quantité suffisants pour ne
pas contrarier les opérations du commerce du détail. »

Ces lois n'ayant pas été abrogées, il est regrettable
qu'elles soient si souvent méconnues.

Il importe donc autant au fabricant et au négociant en
gros qu'à tous les débitants en général que les *marchandises neuves* ne soient point vendues *en détail* dans les
ventes publiques. Le tort fait au commerce par ces ventes
est immense, car il résulte toujours une dépréciation énorme
aux yeux des consommateurs sur des marchandises, quand
de pareilles leur ont été vendues à 40 et 50 p. 100 au-dessous du cours.

Puisqu'il est prouvé que ce mode de réalisation cause un

si grand préjudice au commerce, nous engageons tous les commerçants, en général, à se montrer conciliants quand un de leurs malheureux débiteurs suspend ses payements et leur demande un arrangement amiable. De même que nous dirons à ce malheureux débiteur de faire tous ses efforts pour obtenir ces arrangements.

Qu'il n'écoute pas des gens intéressés à ce qu'il fasse faillite, qui viennent lui conseiller de déposer son bilan, et qui lui disent qu'en agissant ainsi, il ne sera plus ennuyé, que ses créanciers n'auront plus affaire qu'au syndic, etc.

Nous pensons qu'il n'est pas nécessaire d'insister davantage pour prouver que la faillite est toujours nuisible aux intérêts des créanciers et désastreuse pour le débiteur.

V

Dans le rapport du président du tribunal de commerce de la Seine, dont nous avons déjà parlé, on trouve que sur le nombre des faillis déclarés en *union*, 319 sur 513 ont été reconnus excusables. Ces chiffres prouvent donc d'une façon incontestable que la plupart de ces commerçants étaient plus malheureux que coupables. Si les modifications que nous proposons avaient existé, il est probable qu'une partie de ces faillites n'auraient pas eu lieu.

Nous savons que très souvent la négligence ou l'arbitraire d'un créancier précipite le funeste dénouement et que le malheureux débiteur, se laissant séduire par ces mots qu'il a entendus quelquefois : *se mettre sous la protection de la loi*, se décide enfin à déposer son bilan. Mais il ne tarde pas à s'apercevoir que, si la loi le protège, elle lui demande aussi un compte sévère de ses opérations commerciales.

S'il se débarrasse de l'obsession de ses créanciers, il tombe sous le contrôle de la justice.

Le syndic, en sa qualité de représentant de la loi, devra

faire un rapport sincère et rigoureusement exact de la situation. Il ne devra pas négliger la moindre circonstance pouvant donner lieu à une plainte contre le failli. Or, il est bien rare qu'un commerçant gêné n'ait pas apporté de la négligence dans la tenue de ses livres. Dans ce cas, il est déclaré non excusable; alors, cette loi, qui le protége, l'atteint en même temps en le condamnant à la prison et lui infligeant ainsi le double stigmate de la honte et du déshonneur.

Avant de publier cet ouvrage, il nous a paru intéressant d'étudier les lois sur les faillites qui régissent les pays voisins.

L'Espagne, l'Italie, la Belgique, voire même l'Allemagne, ont leurs lois sur les faillites à peu près identiques aux nôtres.

Seule, l'Angleterre en diffère d'une manière sensible; les législateurs de ce pays ayant apporté, en 1869, des améliorations très pratiques dans cette partie de leur droit commercial.

Toute l'économie de la loi anglaise se trouve dans la faculté qu'a le débiteur d'obtenir son concordat soit avant, pendant ou après la faillite, à la condition qu'il présentera un dividende au moins égal à 50 p. 100.

Des règlements bien compris régissent l'arrangement amiable avant la déclaration de faillite.

Quand la faillite est déclarée, le débiteur peut aussi obtenir un arrangement qui n'est pas, comme notre concordat, une remise de dette ou un attermoiement, mais bien une décision des créanciers, qui porte que le jugement déclaratif de la faillite sera annulé.

Lorsque la faillite est close, aucun créancier ayant produit ne peut, pendant une période de trois années, exercer de poursuites contre les biens du failli.

Pendant cette période, si le failli paye à ses créanciers un dividende supplémentaire qui, avec le dividende produit par la réalisation de son actif donne 50 p. 100 à ses créanciers, il a le droit d'introduire une demande d'annulation du jugement déclaratif de sa faillite.

Bien que nous n'ayons pas une admiration par trop exagérée pour la loi anglaise sur les faillites, nous ne pouvons nous empêcher d'avouer qu'elle constitue un progrès notable.

Mais, sans aller chercher chez nos voisins des exemples sur la question qui nous occupe, nous en trouvons suffisamment chez nous.

En nous reportant à 1842, nous voyons que les rapports officiels de cette époque constatent que la question du concordat amiable fut agitée au conseil d'État. Deux éminents jurisconsultes s'opposèrent formellement à ce que ce traité, consenti par une assemblée extrajudiciaire, fût imposé aux créanciers qui n'avaient pas voulu y concourir.

Cette opinion prévalut et la modification proposée fut repoussée.

A ce propos, qu'on nous permette une digression.

C'est bien en haut lieu que les lois sont élaborées, mais ce n'est que dans la pratique de ces lois que l'on peut en constater les bienfaits et les inconvénients.

En conséquence, il serait urgent que les hommes connaissant spécialement la question à traiter fussent appelés dans le sein de ces réunions de législateurs, abstraction faite de toute opinion politique.

En 1848, époque où les droits les plus légitimes furent mis en question, les sinistres commerciaux se succédaient avec une telle rapidité, que le Gouvernement provisoire dut intervenir pour enrayer leur triste développement. Il fut donc dérogé à l'art. 507 du Code de commerce, par un décret en date du 22 août, autorisant un arrangement amiable (art. 2, décret du 22 août 1848) entre le débiteur et ses créanciers, représentant les trois quarts en somme; arrangement au moyen duquel le débiteur pouvait être dispensé de l'apposition des scellés et de l'inventaire.

Mais, bien que cette loi produisît des résultats inespérés, elle donna lieu à des interprétations si diverses quant à la libération complète du débiteur, que les législateurs crurent devoir abroger cette loi, en 1849, pour revenir purement et simplement aux dispositions de l'art. 507.

Il n'est pas douteux que depuis cette époque on a pu constater que si cette loi présentait des difficultés dans son application, elle offrait des avantages immenses, qui auraient dû empêcher qu'elle ne fût abrogée totalement.

D'ailleurs, sans que nous soyons tenu à nommer personne, nous pouvons affirmer que plusieurs députés et sénateurs se sont sérieusement occupés de cette question : *le concordat amiable*, et aussi de la fixation de l'ouverture de la faillite à une autre date que celle du jugement déclaratif. Mais, soit que nos hommes d'État fussent absorbés par des questions politiques, soit qu'ils fussent plus ou moins prévenus contre toute modification, ils renoncèrent à leur projet.

On en était là, c'est-à-dire que tout ce qui avait été projeté à propos de modifications à apporter aux lois qui régissent la faillite fut remis presque indéfiniment, alors que la funeste guerre avec l'Allemagne fut déclarée.

A cette époque si malheureuse, les protêts devinrent nombreux et des faillites considérables étaient imminentes.

Le gouvernement, pénétré de la gravité de cette situation, publia un décret qui, prorogeant les échéances des effets de commerce, arrêta toutes poursuites immédiates ; mais cette mesure causa la plus grande perturbation par rapport aux droits des endosseurs.

Il est incontestable que ce décret eut des résultats heureux ; toutefois on constata avec regret que plusieurs commerçants, fort au-dessus de leurs affaires, profitèrent de la prorogation autorisée, sans aucun scrupule. C'est pourquoi nous nous permettrons de faire observer que, si, au lieu d'innover, on eût rétabli le décret du 22 août 1848, on aurait obtenu les mêmes résultats, et les commerçants dont nous avons signalé la conduite peu délicate, étant placés dans l'alternative de suspendre leurs payements ou de faire honneur à leurs engagements, auraient été forcés d'adopter ce dernier moyen.

Puisqu'il est démontré aujourd'hui que *les concordats et les-liquidations amiables* donnent des résultats bien plus avantageux que ceux obtenus par les liquidations faites judiciairement par la faillite, il est donc du devoir de nos législateurs de faire une loi qui rende obligatoires les décisions prises par la majorité des créanciers réunis en assemblée amiable.

Quant à la crainte que certains esprits timorés nous ont manifestée que les décisions qui doivent engager les intérêts des créanciers absents ne soient prises par un trop petit nombre, nous disons qu'elle est chimérique, surtout si on exige que les trois quarts en somme soient représentés. Mais ce qui sera encore un plus sûr garant de la présence de tous les créanciers ou tout au moins du plus grand nombre, c'est que, si ces décisions sont rendues obligatoires, pas un d'entre eux ne voudra courir le risque de subir des conventions qu'il n'aura pas discutées.

Nous terminons ici notre exposé, espérant avoir suffisamment démontré l'utilité de la modification que nous proposons, c'est-à-dire *du concordat amiable* sous le contrôle de la loi.

D'ailleurs, l'approbation que nous avons reçue d'un très grand nombre de commerçants nous donne l'espérance qu'on nous saura gré d'avoir pris l'initiative dans une question aussi importante pour tout le commerce.

Paris. — Imp. BERNARD, 9, rue de la Fidélité.

IMPRIMERIE BERNARD, 9, RUE DE LA FIDÉLITÉ, PARIS